PLANCHES

POUR LE PREMIER VOLUME

DU COURS

D'ARCHITECTURE,

QUI CONTIENT

LES LEÇONS données en 1750, & les années
suivantes, par J. F. BLONDEL Architecte,
dans son École des Arts.

A PARIS,

Chez DESAINT, Libraire, rue du Foin-Saint-Jacques.

M DCC LXXI.

Avec Approbation, & Privilége du Roi.

E
332

LES CINQ ORDRES D'ARCHITECTURE SELON VIGNOLE.

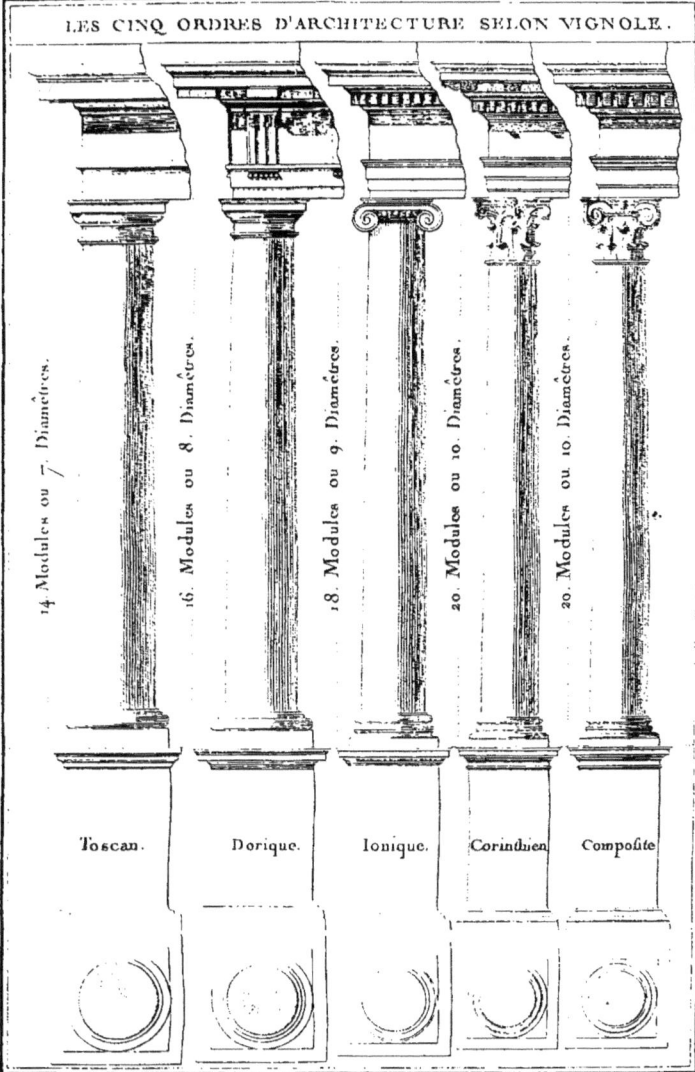

14 Modules ou 7. Diametres.

16. Modules ou 8. Diametres.

18. Modules ou 9. Diametres.

20. Modules ou 10. Diametres.

20. Modules ou 10. Diametres.

Toscan.   Dorique.   Ionique.   Corinthien   Composite

Bernat del.   Nicholson sculp.

DIVISION GÉN.LE POUR LES CINQ ORDRES D'ARCHITECT.RE

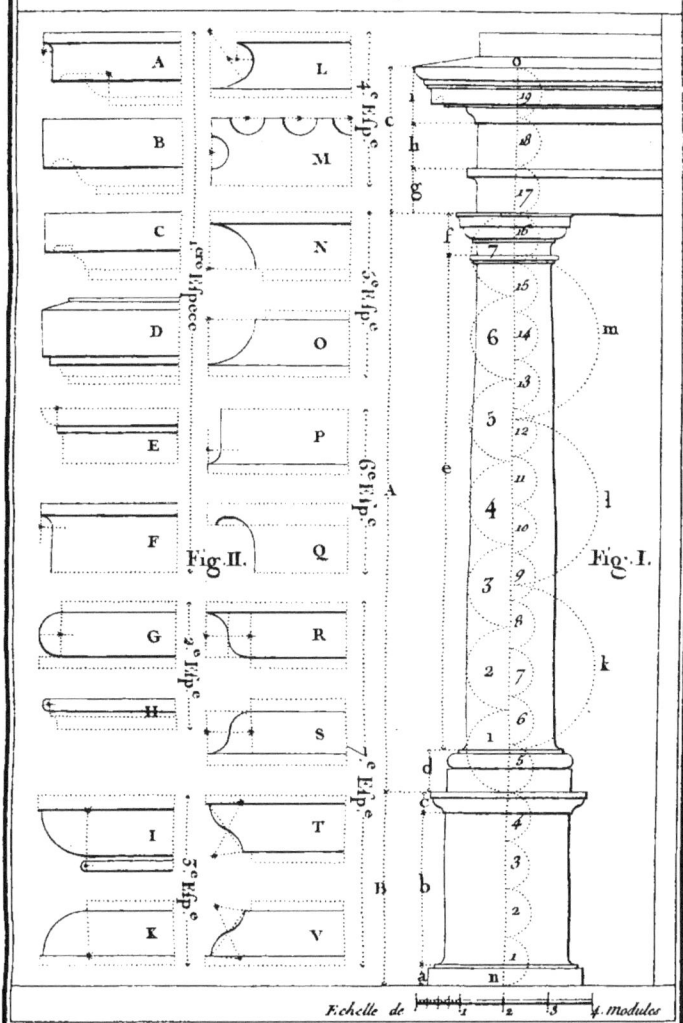

Fig. II.

Fig. I.

A   L

B   M

C   N

D   O

E   P

F   Q

G   R

H   S

I   T

K   V

1.re Espèce

2.e Esp.

3.e Esp.

4.e Esp.

5.e Esp.

6.e Esp.

7.e Esp.

Echelle de 1   2   3   4. modules

Fournera del.   Michelinot Sculp.

Pl. III.

TORÉS.

A   B   C

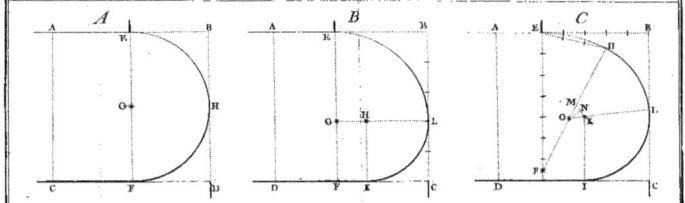

QUARTS DE RONDS

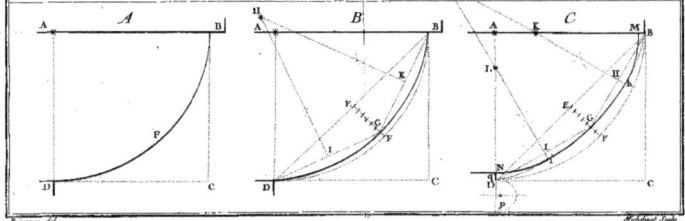

A   B   C

Rousseau del.   Hebilant Sculp.

Pl. IV.

CAVETS.

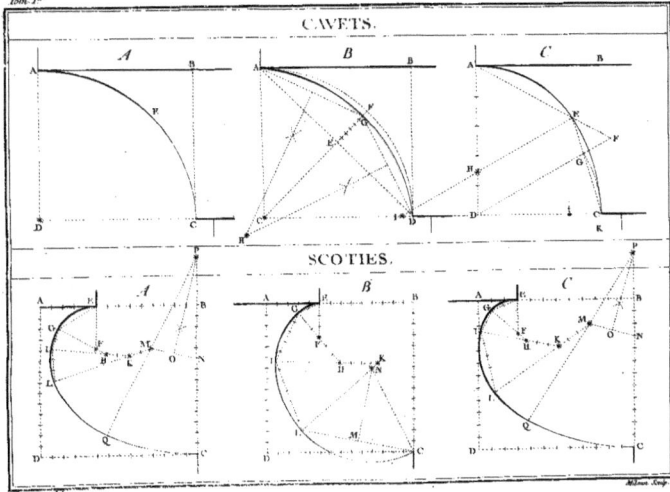

SCOTIES.

Pl. V

DOUCINES.

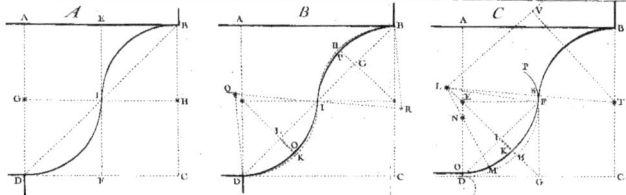

TALONS.

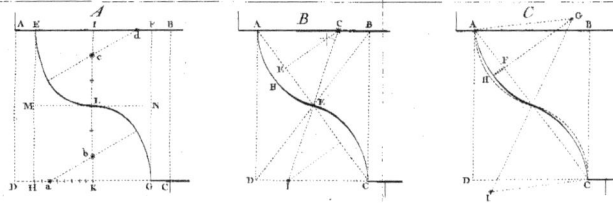

MOULURES COMPOSÉES.

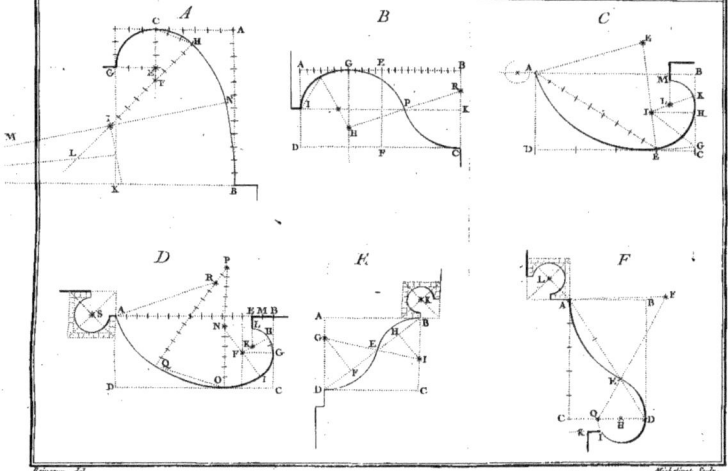

Pl. VI.

A

B

C

D

E

F

Roncoux del.

Michelinot Sculp.

JETS D'EAU.

A   *B*   *C*

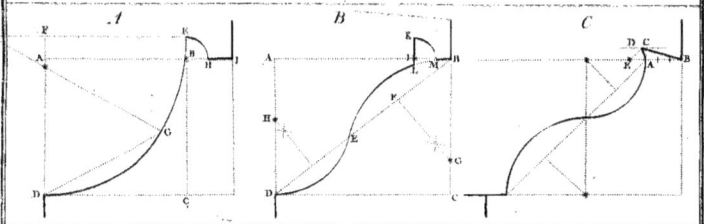

COURBURES des Frises, bombées.

A   *B*   *C*

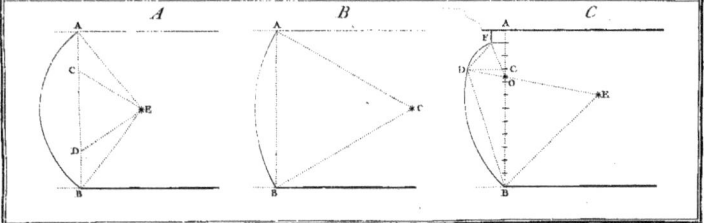

DIVERS EXEMPLES DE CANNELURES.

DORIQUE DE ST SULPICE.
Fig. I.

IONIQUE DU CHÂTEAU DE MAISONS.
Fig. IV.

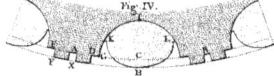

DORIQUE DES DEHORS DU CHÂTEAU DE MAISONS.
Fig. II.

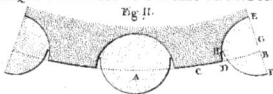

IONIQUE DES THUILLERIES.
Fig. V.

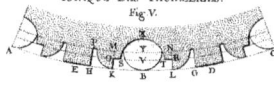

DORIQUE DU VESTIBULE DU CHÂTEAU DE MAISONS
Fig. III.

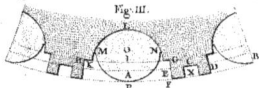

CORINTHIEN DU CHÂTEAU DE MAISONS.
Fig. VI.

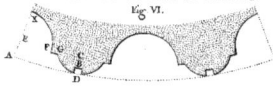

ORNEMENS QUI S'APLIQUENT SUR LES MOULURES.

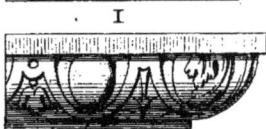

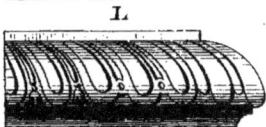

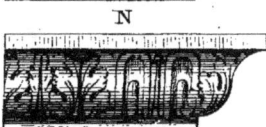

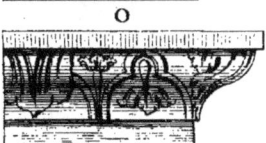

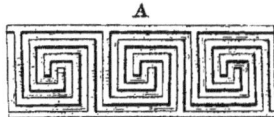

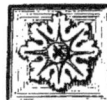

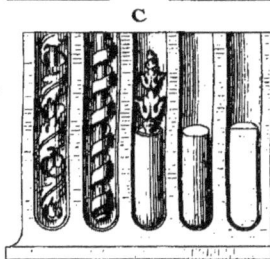

Bonnet del.   Michelinot Sculp.

Pl. X.

ENTABLEMENT TOSCAN DE PALLADIO.

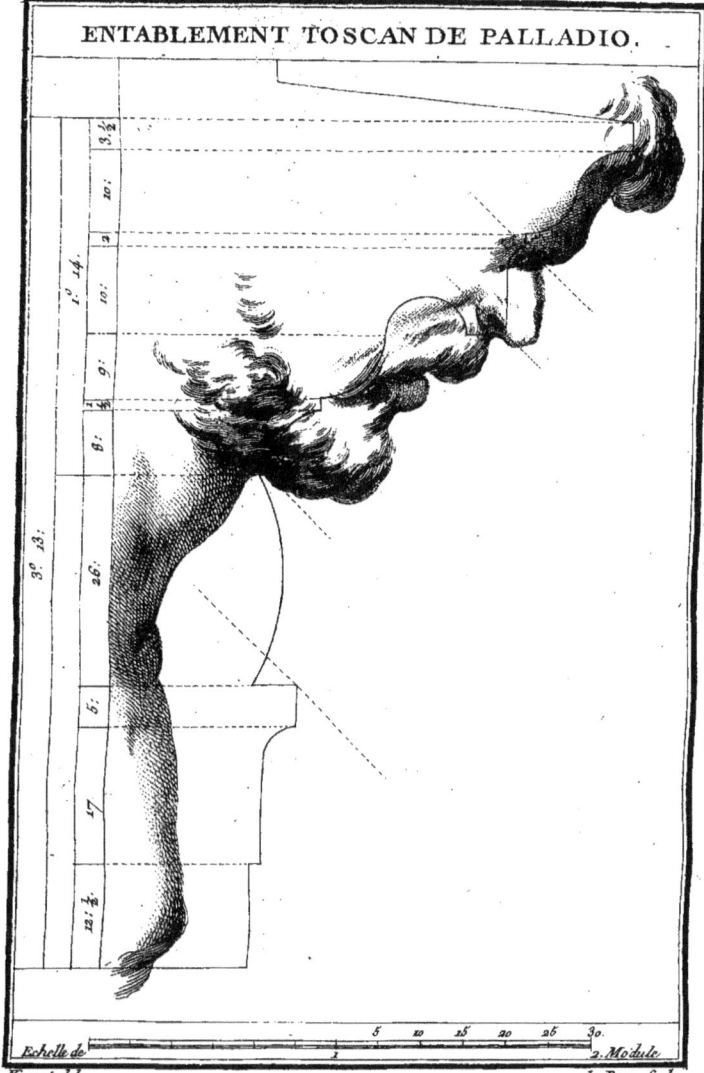

Echelle de

Vincent del.

le Roy Sculp.

ENTABLEMENT TOSCAN DE SCAMMOZY.

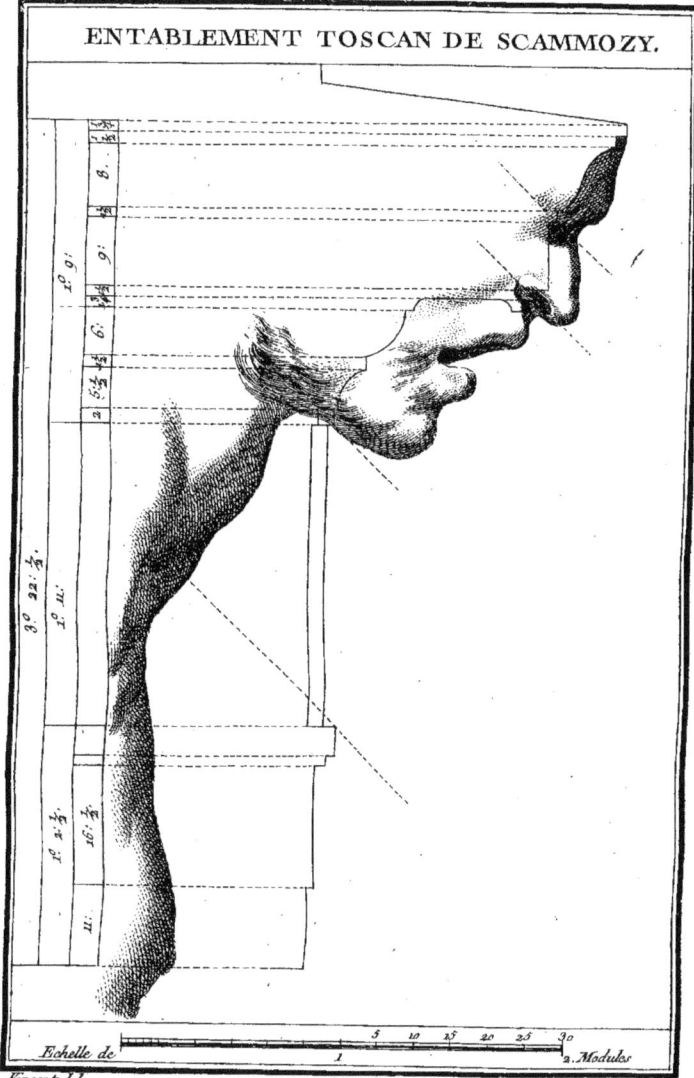

Echelle de   5   10   15   20   25   30

1   2. Modules

Vincent del.   le Roy Sculp.

ENTABLEMENT TOSCAN DE VIGNOLE.

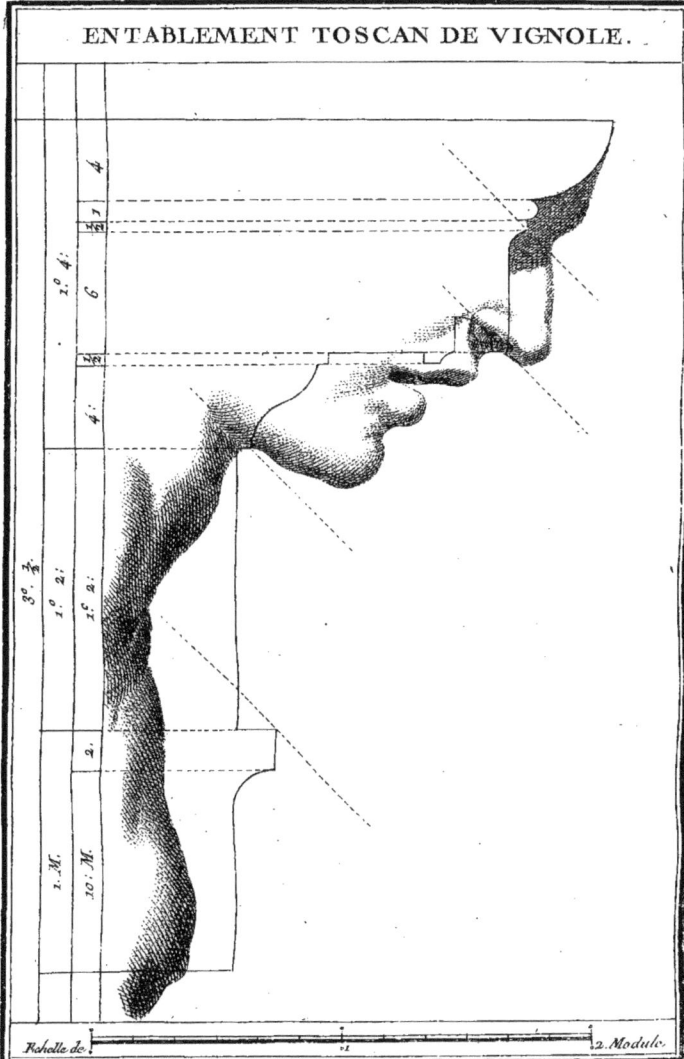

Echelle de. _____ 2. Module.

Vincent del.   Le Roy Sculp.

MEMBRES ATTRIBUÉS A L'ORDRE TOSCAN PAR VIGNOLE.

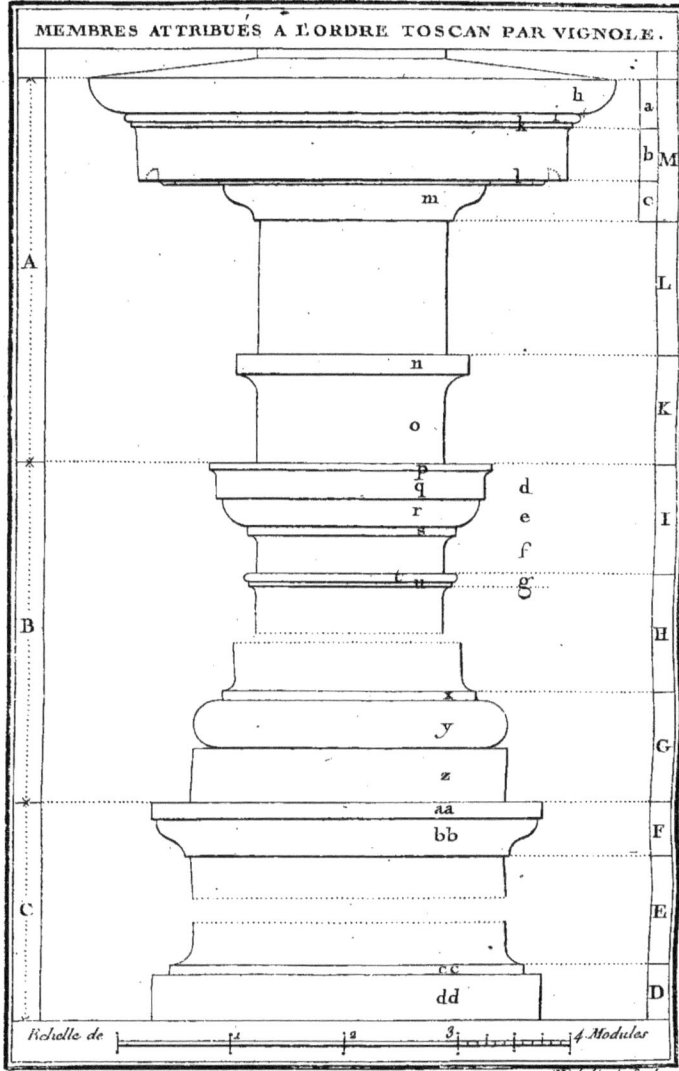

A
B
C

h
k
m
n
o
p
q
r
s
t u
d
e
f
g
x
y
z
aa
bb
cc
dd

a
b M
c
L
K
I
H
G
F
E
D

Echelle de ⊢————————————4 Modules
1   2   3

Buchou del.   Michelinot Sculp.

MESURES GÑᴬˡᵉˢ ET PARTICULᵉˢ DE L'ORDRE
TOSCAN SELON VIGNOLE.

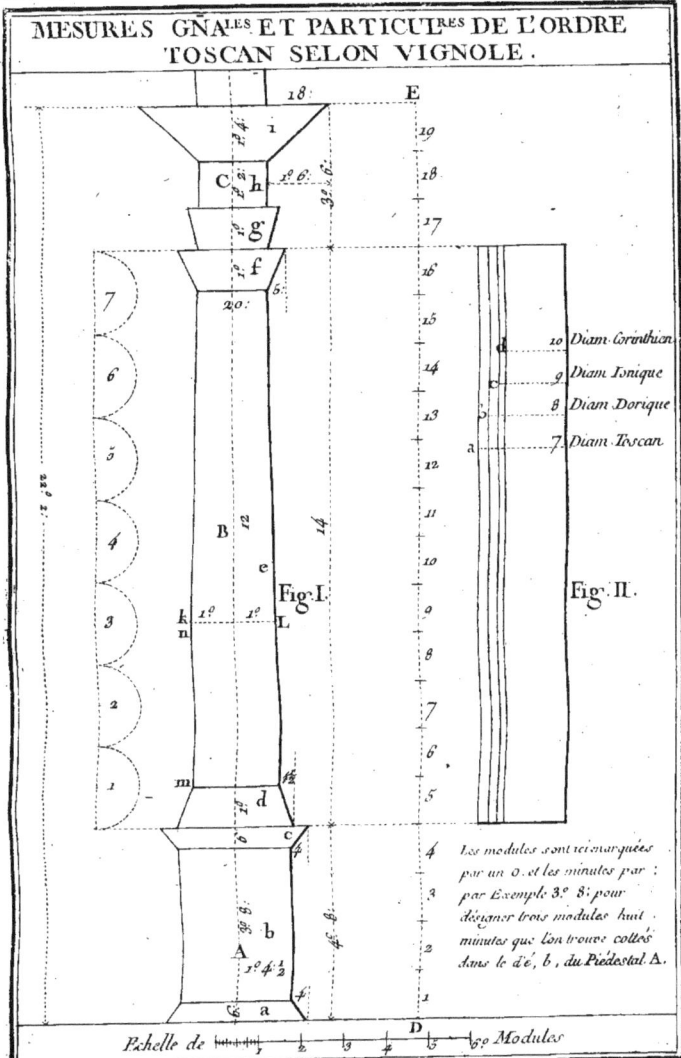

Fig. I.

Fig. II.

10 Diam. Corinthien
9 Diam. Ionique
8 Diam. Dorique
7 Diam. Toscan

Les modules sont ici marquées
par un 0. et les minutes par :
par Exemple 3.º 8; pour
désigner trois modules huit
minutes que l'on trouve cottés
dans le d'e, b, du Piédestal A.

Echelle de ⊢⊢⊢⊢⊢| 2   3   4   5   60 Modules

Fournera del.   Milsan Sculp.

ORDRE TOSCAN DE VIGNOLE AVEC QUELQUES CHANGEMENS.

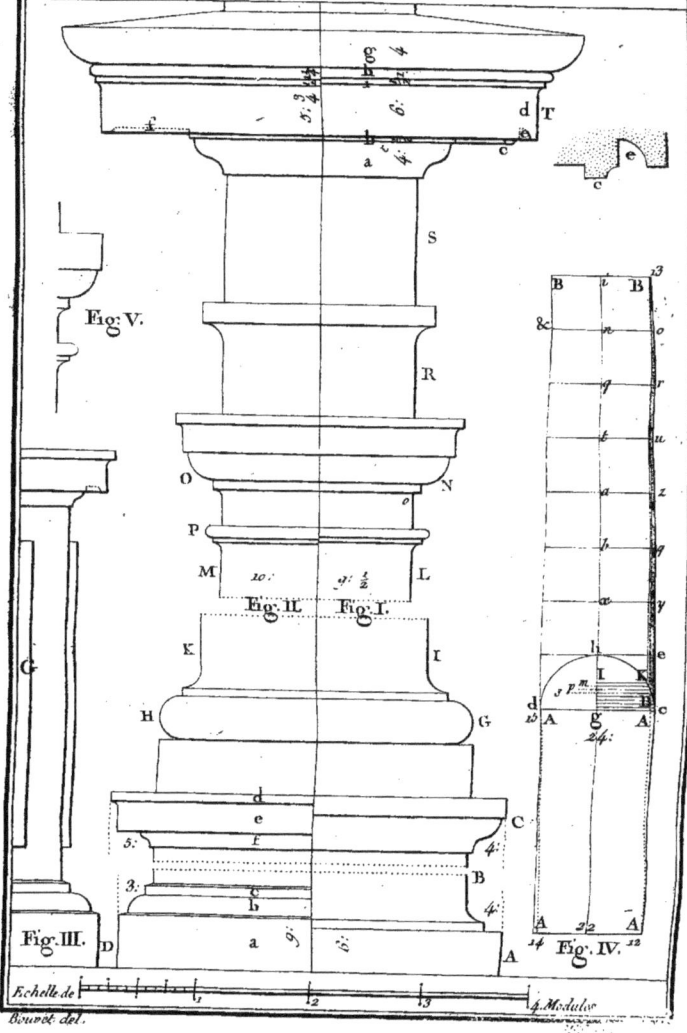

g 4

5: 3/4   6:   d T

e

c

e

c

S

Fig: V.

R

O   N
o

P

M   10:   9: 1/2   L

Fig: II.   Fig: I.

B   B   13

&   n   o

q   r

t   u

a   z

b   q

a   y

l   e
K   I   I K

H   G   d   g   A c
A   24:

d
e
f   4:

5:
3:                                  4:
c
b   A   A
Fig: III.   D   a   9:   6:   A   14 Fig: IV.   12

ORDRE TOSCAN DE PALLADIO ET DE SCAMMOZY.

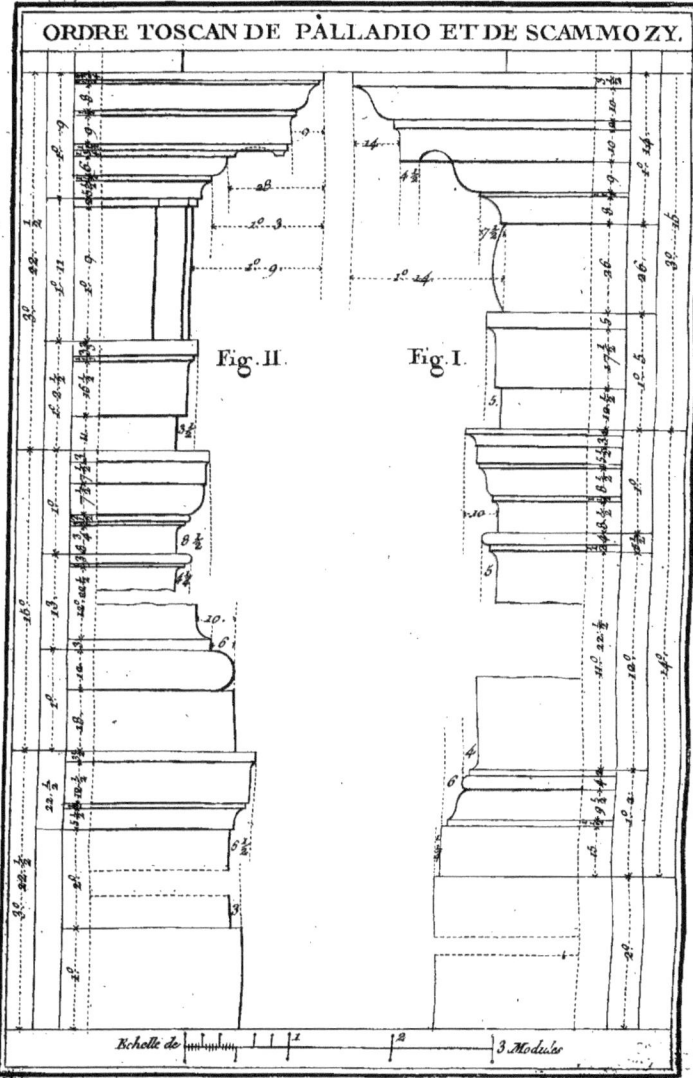

Fig. II.   Fig. I.

Echelle de ⊦⊢⊢⊢⊢ | | | 1 | 2   3 Modules

Cauchois del.   Milsan Sculp.

PORTIQUE DORIQUE OU   ASSEMBLAGE DES

DIVERS MEMBRES   D'ARCHITECTURE.

Bonnet del.   Michelinot Sculp.

SUITTE DES DIVERS MEMBRES D'ARCHITECTURE.

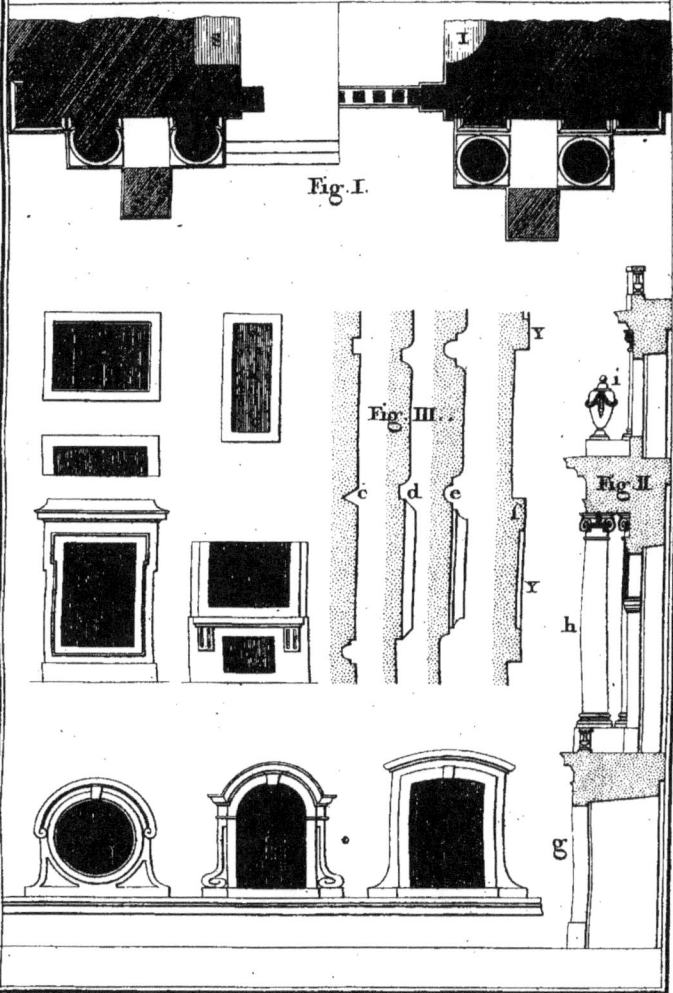

Fig. I.

Fig. III.

c   d   e   f

Fig. II

Y

h

i

g

Pl. XIX.

PLAN A REZ DE CHAUSSÉE ET DE LA PLATTE FORME SUPERIEURE D'UNE PORTE
DE VILLE LIBRE, D'ORDONNANCE TOSCANE.

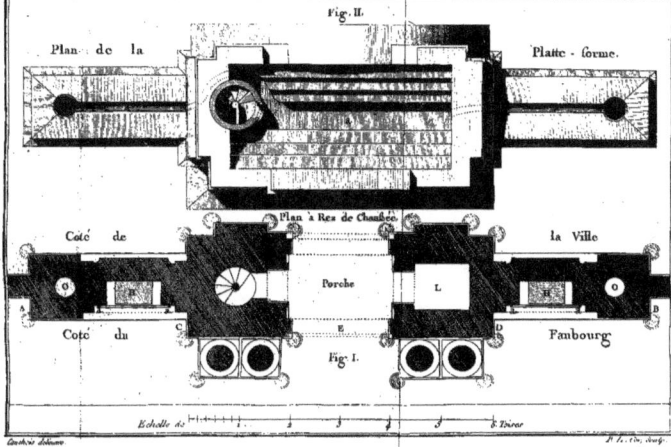

Fig. II.

Plan de la

Platte - forme.

Plan `a Rez de Chaussée

Coté   de

la Ville

Porche

L

Coté   du

Fambourg

Fig. I.

Echelle de

Gauthier delineav.

P. P. Cho. Sculp.

ÉLÉVATION DE LA FAÇADE DU COTÉ DU FAUBOURG.

Pl. XXI.

ÉLÉVATION DE LA FAÇADE DU CÔTÉ DE LA VILLE.

Échelle de   d'Toises

Guichon delin.   J. L. Car. Sculp.

Pl. XXII.

FAÇADE LATERALE ET COUPE PRISE SUR LA PROFONDEUR DU BATIMENT.

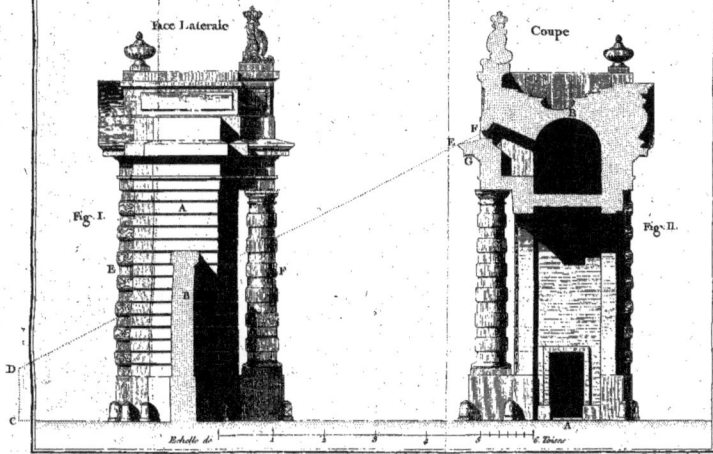

Face Laterale

Coupe

Fig. I.

Fig. II.

Echelle de

Couchoir delineav.

F. L. Cor Sculp.